BEI GRIN MACHT SICH IHR WISSEN BEZAHLT

- Wir veröffentlichen Ihre Hausarbeit,
  Bachelor- und Masterarbeit

- Ihr eigenes eBook und Buch -
  weltweit in allen wichtigen Shops

- Verdienen Sie an jedem Verkauf

Jetzt bei www.GRIN.com hochladen
und kostenlos publizieren

Sarah Bastemeyer

Kritische Würdigung von "Die neue radikale Rechte im Vergleich. USA, Frankreich, Deutschland." (Michael Minkenberg)

GRIN Verlag

Bibliografische Information der Deutschen Nationalbibliothek:

Die Deutsche Bibliothek verzeichnet diese Publikation in der Deutschen National-
bibliografie; detaillierte bibliografische Daten sind im Internet über http://dnb.d-
nb.de/ abrufbar.

Impressum:

Copyright © 2013 GRIN Verlag GmbH
Druck und Bindung: Books on Demand GmbH, Norderstedt Germany
ISBN: 978-3-656-63730-1

GRIN - Your knowledge has value

Der GRIN Verlag publiziert seit 1998 wissenschaftliche Arbeiten von Studenten, Hochschullehrern und anderen Akademikern als eBook und gedrucktes Buch. Die Verlagswebsite www.grin.com ist die ideale Plattform zur Veröffentlichung von Hausarbeiten, Abschlussarbeiten, wissenschaftlichen Aufsätzen, Dissertationen und Fachbüchern.

Besuchen Sie uns im Internet:

http://www.grin.com/

http://www.facebook.com/grincom

http://www.twitter.com/grin_com

Institut für Politikwissenschaft

Die Vergleichende Methode in der Politikwissenschaft

Wintersemester 2012/13

Verfasser: Sarah Bastemeyer

Kritische Würdigung

„Die neue radikale Rechte im Vergleich. USA, Frankreich, Deutschland." Von Michael Minkenberg

Grundsätzliches

Bei dem vorliegenden Werk handelt es sich um die Weiterentwicklung einer 1997 in Göttingen vom sozialwissenschaftlichen Fachbereich der Georg-August-Universität angenommenen Habilitationsschrift des Verfassers. Nach der erfolgreichen Habilitation lehrt Minkenberg seit dem Wintersemester 1998/99 an der Europa-Universität Viadrina in Frankfurt (Oder) und ist zudem seit dem Jahr 2000 Sprecher der Deutschen Vereinigung für Politische Wissenschaft (DVWP) in dem Bereich der Vergleichenden Politikwissenschaft.

Die Analyse des Buches wird im Rahmen einer kritischen Würdigung durchgeführt; das bedeutet, dass die methodische Vorgehensweise des Autors betrachtet wird und positive sowie negative Besonderheiten hervorgehoben werden. Insbesondere werden hierbei die Relevanz und Formulierung der Fragestellung, der Aufbau der Arbeit, die empirische Basis, das Forschungsdesign, die erarbeiteten Ergebnisse und das abschließende Gesamturteil kritisch betrachtet.

Fragestellung

Der Autor verfolgt in seiner Ausarbeitung das Ziel „eine Verknüpfung von Theorie und empirischer Analyse [...] durch systematische Vergleiche [...]"[1] herzustellen. Im thematischen Mittelpunkt steht dabei die erkenntnisleitende Fragestellung, inwiefern die neue radikale Rechte in westlichen Demokratien durch den Modernisierungsschub der sechziger und siebziger Jahre eine Erneuerung erfahren konnte. Speziell sollen die ideologischen, strategischen, organisatorischen und sozialstrukturellen Ausprägungen dieser Erneuerungen untersucht werden.[2] Der Autor präzisiert seine Fragestellung im Weiteren durch Unterfragen. Im Einzelnen: „Welche Rolle spielt dabei insbesondere der kulturelle Wandel westlicher Gesellschaften? Wie lässt sich die neue radikale Rechte in sich wandelnde Konfliktlinien westlicher Gesellschaften einordnen? Welche Strukturen und Prozesse prägen die nationenspezifische Verortung der wichtigsten Gruppierungen der neuen radikalen Rechten im Sektor von sozialen Bewegungen und Parteien?"[3] Minkenberg bearbeitet diese Fragestellung anhand eines exemplarischen Vergleichs der Länder USA, Frankreich und Deutschland.

Der erste Teil der Hauptfragestellung: „Inwiefern trägt der Modernisierungsschub der sechziger und siebziger Jahre zu einer Erneuerung der radikalen Rechten in westlichen Demokratien bei [...]"[4], ist präzise formuliert und ermöglicht, bei genauer Analyse und gut gewählten Vergleichen, eine „echte" und konkrete Antwort. Allerdings bleibt es fraglich, ob weitere Einflussmöglichkeiten ausgeschlossen werden dürfen, beziehungsweise ob die Auswirkungen des Modernisierungsschubes so klar herauszustellen und von anderen Einflüssen abzugrenzen sind. Der dann folgende Part der Fragestellung soll konkretisieren, trägt aber dazu bei, dass die Klarheit etwas verloren geht, da die Fragestellung nun sehr lang und „verschachtelt" erscheint: „[...] und wo liegen die ideologischen, strategischen, organisatorischen und sozialstrukturellen Ausprägungen dieser Erneuerungen?"[5] Auch auf diesen Teil der Fragestellung sind eine konkrete Antwort beziehungsweise Antworten möglich. Allerdings wäre eine Zweiteilung der Fragestellung zu bevorzugen, da somit eine klarere Struktur gegeben wäre. Die nun erfolgte Zersplittung der Hauptfragestellung in mehrere Unterfragen soll erneut der Präzisierung und inhaltlichen Klarheit dienen. Auch auf diese Unterfragen sind „echte" Antworten möglich, allerdings bleibt zu bezweifeln, ob mit Hilfe dieser Fragen der gesamte Deutungsbe-

---

[1] Minkenberg, Michael (1998): Die neue radikale Rechte im Vergleich. USA, Frankreich, Deutschland, Opladen/ Wiesbaden: Westdeutscher Verlag GmbH, S. 14.
[2] Vgl. Minkenberg, Michael (1998), S. 14.
[3] Minkenberg, Michael (1998), S. 14f.
[4] Minkenberg, Michael (1998), S. 14.
[5] Minkenberg, Michael (1998), S. 14.

reich der eigentlichen Hauptfragestellung umfasst werden kann, ob diese Fragen die eigentliche Fragestellung nicht eher zu stark einschränken und lenken.

Auch wenn die Rechtsextremismus-Thematik gerade in Deutschland aufgrund seiner Vergangenheit recht gut untersucht ist, sind entsprechende Analysen nicht von Kontinuität geprägt und werden zudem häufig durch eine moralische Betroffenheit beschränkt. Eine vergleichende Rechtsradikalismus-Forschung war außerdem zu dem Zeitpunkt, zu dem die vorliegende Monographie verfasst wurde, kaum vorhanden bzw. befand sich noch in den „Kindheitsschuhen". Die vorliegende Untersuchung sollte daher als eine „[…] historisch informierte sozialwissenschaftliche Vergleichsstudie zur radikalen Rechten in westlichen Demokratien […]"[6] fungieren und somit eine Lücke der politikwissenschaftlichen Forschung schließen.

Aufbau der Arbeit

Der Autor verfolgt mit dem Aufbau seiner Arbeit eine klare Struktur und behält diese auch im Verlauf bei, so dass ein roter Faden vorhanden ist.

Einleitend wird in die Thematik eingeführt und das weitere Vorhaben klar dargestellt, bereits in der Einleitung geht der Autor auf die, das Buch prägende, Einteilung ein und beschreibt drei Untersuchungsebenen. Nach einer begrifflichen und theoretischen Festlegung und Aufklärung (Kapitel 1) werden die folgenden Kapitel den in der Einleitung vorgestellten Ebenen untergeordnet. Auf der Ebene der Kultur werden der historische und politisch-kulturelle Kontext der radikalen Rechten (Kapitel 2), klassische Komponenten und Konturen (Kapitel 3) sowie der ethnokratische Diskurs der Neuen Rechten (Kapitel 4) analysiert. Auf der strukturellen Ebene werden die Zusammenhänge von Rechtsradikalismus und Öffentlichkeit (Kapitel 5), das rechtsradikale Mobilisierungspotential im Übergang von der Alten zur Neuen Politik (Kapitel 6) und die Strukturen der neuen radikalen Rechten im Vergleich (Kapitel 7) diskutiert. Auf der prozessualen Ebene werden die Mobilisierung (Kapitel 8) und die Interaktion (Kapitel 9) betrachtet und besprochen. Abschließend zieht der Autor im Rahmen einer Schlussbetrachtung ein Fazit. Diese Gliederung entspricht zudem den vorgestellten Unterfragen, die als eine Präzisierung der Hauptfragestellung fungieren, so dass die Aufteilung der Sachlogik der Fragestellung folgt.

Allerdings sollte in Betracht bezogen werden, das sechste Kapitel „Das rechtsradikale Mobilisierungspotential im Übergang von der Alten zur Neuen Politik" eher der prozessualen Ebene zuzuordnen, da ein historischer Prozess bzw. eine Darstellung der zeitlichen Entwicklung gegeben wird.

---

[6] Minkenberg, Michael (1998), S. 13.

Der Schwerpunkt der Arbeit liegt auf der theoretischen Betrachtung und Analyse, der empirische Abschnitt der Ausarbeitung ist unausgeglichen kleiner gehalten.

Empirische Basis

Literarisch stützt sich die vorliegende Studie insbesondere auf die zu dieser Zeit aktuelle Dimension des Forschungsstandes, also auf Literatur über die radikale Rechte aus den achtziger und neunziger Jahren. Aufgrund der historischen Herleitung des Ländervergleichs wird desweiteren entsprechende Literatur, die die geschichtliche Entwicklung der drei Länder aufzeigt und analysiert, herangezogen.

Zur Identifikation des Mobilisierungspotentials der radikalen Rechten werden im fünften Kapitel Ergebnisse der empirischen Umfrageforschung genutzt, um die Einstellungsebene auf der Basis von Individualdaten zu erfassen.[7] Die aus diesen Umfragedaten geschlossenen Erkenntnisse schränkt der Autor jedoch vorab selbstständig ein, so dass die darauf basierenden Ausführungen nicht als hinreichender Nachweis für eine rechtsradikale Ideologie gelten können. Dies ist zum einen der Fall, da „[…] der Nachweis von Ideologien auf der Basis von Umfragedaten stets mit dem Problem behaftet [ist], daß sich nur eine sehr lockere Strukturierung oder *constraints* ausmachen lassen, die kaum den klassischen Kriterien einer um zentrale Prinzipien organisierten politischen Ideologie entspricht."[8] Zum anderen besteht die Problematik, dass es keine international vergleichbare Datenbasis für den Rechtsradikalismus als „mass belief system" gibt und nur eine geringe Anzahl von nationalen Studien, die dieses Phänomen auf Einstellungsebene untersuchen.[9] Es werden hierbei Daten von Selbsteinstufungen auf einer Links-Rechts-Skala, sowie Umfrageergebnisse bezüglich Einstellungen und Verständnis von bestimmten Begriffen und Anschauungen, Wahlbereitschaft für rechte Parteien, Fremdenfeindlichkeit und Antisemitismus herangezogen. Problematisch ist bei der Datenauswahl, dass aus verschiedensten Umfragen Ergebnisse genutzt wurden, die die Aussagen des Autors stützen sollen. Nach welchen Prinzipien die Daten ausgewählt wurden und ob alternative Quellen vorhanden wären, wird meist nicht erwähnt. Desweiteren stellen die herangezogenen Studien bis auf zwei Beispiele (Abb. 5.1. S. 171+ Abb. 5.4. S. 177) immer nur einzelne Länder oder maximal zwei der drei zu vergleichenden Länder da. Um einen Vergleich zwischen Deutschland, Frankreich und den USA ziehen zu können, müssen somit unterschiedliche Umfragen mit unterschiedlichen Voraussetzungen verglichen werden, was zu

---

[7] Vgl. Minkenberg, Michael (1998), S. 168.
[8] Minkenberg, Michael (1998), S. 168.
[9] Vgl. Minkenberg, Michael (1998), S. 168.

verfälschten Ergebnissen führen kann. Insbesondere die im sechsten Kapitel durchgeführte Analyse zur Betrachtung des Mobilisierungspotentials im Kontext sich wandelnder Konfliktlinien zu Beginn der 1980er Jahre basiert auf unvollständigem Datenmaterial. Hier zieht der Autor zum einen die Generations and Politics II-Studie für den Bereich der USA und Deutschland heran. Für Frankreich gibt es allerdings keine vergleichbare Studie, so dass vorhandene Sekundärliteratur als Ersatz genutzt wird. Leider befassen sich auch die durch Minkenberg konzipierten Analysen in diesem Bereich ausschließlich mit den USA und Deutschland und vernachlässigen somit Frankreich.

Die Auswahl der Datengrundlage erscheint größtenteils sehr willkürlich. Es werden Daten aus dem Zeitraum von 1970 bis zum Ende der neunziger Jahre betrachtet, die unter anderem aus Zeitschriften, Monographien, Wahlstudien, Verfassungsschutzberichten oder Sozialstudien entnommen wurden. Hierbei werden teilweise fragwürdige Quellen wie die *National Abortion Federation* oder das *American Jewish Committee Religious right Survey* unkommentiert als Datengrundlage herangezogen.

Ansatz/ Forschungsdesign

Minkenberg elaboriert im Rahmen der Einleitung verschiedene Hypothesen, die sich mit der neuen radikalen Rechten sowie ihrer Entstehung und Verortung auseinandersetzen.

1. Das „[…] Konzept der neuen radikalen Rechten bezieht sich […] nicht auf eine Partei oder ein bestimmtes Milieu, sondern auf einen Komplex von neuen rechten Ideenlieferanten und politischen Organisationen, Bewegungen und Parteien, der sich als rechtsradikales Lager oder Feld von Gruppierungen zusammenfassen läßt."[10]

2. „Die neue radikale Rechte […] resultiert einerseits aus dem in den meisten westlichen Demokratien zu beobachtenden Modernisierungsschub, dem mit der Jahreszahl 1968 symbolisch zusammengefaßten sozialen und kulturellen Wandel. Andererseits kommt sie in spezifischen Mobilisierungsphasen, die sich aus dem in den jeweiligen Ländern vorhandenen politischen und gesellschaftlichen Kontext ergeben, zum Ausdruck."[11]

3. „Die neue radikale Rechte repräsentiert dabei den rechten Pol einer neuen, quer zu alten Konfliktlinien verlaufenden ideologischen und organisatorischen Polarisierung. Dabei nimmt sie eine Mittelstellung […] zwischen einem traditionellen und militanten Rechtsextremismus und dem etablierten (Neo)Konservatismus in den jeweiligen Gesellschaften ein."[12]

---

[10] Minkenberg, Michael (1998), S. 14.
[11] Minkenberg, Michael (1998), S. 14.
[12] Minkenberg, Michael (1998), S. 14.

Diese drei Thesen unterstützen die leitende Fragestellung und ermöglichen eine differenzierte Betrachtung des Untersuchungsproblems.

Der Autor untersucht die Hypothesen vorwiegend diachron. Minkenberg begründet diese Vorgehensweise damit, dass die historische Dimension verstärkt einbezogen werden muss, „[…] um den im Rechtsradikalismus stets anzutreffenden Rückwärtsbezug auf nationale Geschichte und die Nation besser einordnen zu können."[13] So bezieht sich insbesondere die Hauptthese (These 2) auf die Entwicklung der neuen radikalen Rechten seit dem Modernisierungsschub von 1968.

Teilweise fragwürdig ist die Fallauswahl in dieser Studie. Vergleiche zwischen beispielsweise der intellektuellen *Nouvelle Droite* oder des *Front national* in Frankreich, der „heidnischen" Gesellschaft der Ex-DDR und der neuen religiösen Rechten in den USA lassen auf einen eher geringen Erkenntnisgewinn spekulieren. Die Ausgangspunkte, Grundlagen sowie die Entwicklung gehen einfach zu weit auseinander, um einen sinnvollen Vergleich zu ermöglichen. In der Studie soll die Erneuerung der radikalen Rechten in westlichen Demokratien betrachtet und erklärt werden. Diese abhängige Variable wird hauptsächlich durch den Modernisierungsschub in den sechziger und siebziger Jahren begründet. Als weitere unabhängige Variable zieht Minkenberg länderspezifische Mobilisierungsphasen, die aus politischen und gesellschaftlichen Kontexten resultieren, hinzu.

Ergebnisse

Im Rahmen einer Schlussbetrachtung greift der Autor die Thesen sowie die erkenntnisleitende Fragestellung erneut auf und fasst seine Ergebnisse zusammen.

Als Fazit des Vergleichs hält Minkenberg fest, dass der neue Rechtsradikalismus ein internationales, modernes und vielschichtiges Problem sei. Diese neue Rechte habe eine Phase der Erneuerung, als Folge des westlichen Modernisierungsschubs der Nachkriegszeit, durchlaufen und müsse verstärkt vergleichend und auch interdisziplinär untersucht werden.[14] Diese Ergebnisse sind über den Verlauf der Ausführungen logisch konsistent erarbeitet worden und werden im Fazit präzise herausgestellt. Die weiteren Erläuterungen verlieren sich allerdings etwas in Details und Ausschweifungen, so dass die klare Struktur der Schlussbetrachtung verloren geht. Es ist zudem schade, dass der Autor in seinen abschließenden Ausführungen selten Bezug auf den empirischen Teil seiner Arbeit nimmt und die dort gewonnenen Erkenntnisse kaum unmittelbar für seine Theorien aufbereitet.

---

[13] Minkenberg, Michael (1998), S. 15.
[14] Vgl. Minkenberg, Michael (1998), S. 359f.

Die Hauptthese, die aussagt, dass die neue radikale Rechte insbesondere aus dem in den meisten westlichen Demokratien zu beobachtenden Modernisierungsschub resultiere, wird durch das empirische Material zwar bekräftigt, aber nicht ausreichend gedeckt. Die spezifischen Mobilisierungsphasen, die sich aus den jeweiligen Besonderheiten der Länder ergeben, erscheinen aufgrund der größeren empirischen Datenlage als gewichtiger. Alternative Thesen werden im Rahmen dieser Studie kaum betrachtet, wodurch es der Ausarbeitung an Tiefe fehlt.

Gesamturteil

Die vorliegende Arbeit ermöglicht dem Leser einen interessanten Einblick in die Thematik der neuen radikalen Rechten. Insbesondere die historischen Bezüge und Darstellungen sind gut nachvollziehbar und erlauben durch die Erläuterungen klare Schlussfolgerungen. Die Studie rechtfertigt sich dadurch, dass eine vergleichende Rechtsradikalismus-Forschung zu dem Zeitpunkt der Veröffentlichung kaum vorhanden war und die daraus gezogenen Erkenntnisse den Forschungsstand vorantreiben konnten.

Problematisch ist jedoch die dem Vergleich zugrunde liegende Fallauswahl. Es werden teilweise „Äpfel" mit „Birnen" verglichen (s. Abschnitt: Empirische Basis). Der Leser erhält zeitweise den Eindruck, dass der Autor mit allen Mitteln versucht seine Hypothese zu untermauern. Leider sind die hierzu gewählten Belege zum Teil zweifelhaft.

Die Ausarbeitung lässt sich gut lesen, insbesondere die klare Aufteilung und Struktur ist angenehm. Innerhalb der Einleitung werden Beweggründe, Ziele, Hypothesen und Vorgehen knapp und klar vorgestellt. Die folgenden Kapitel sind durch die Dreiteilung nach Kultur, Struktur und Prozess gegliedert und werden durch weitere Unterteilungen übersichtlich. Als besonders positiv sind die Zusammenfassungen am Ende eines jeden Kapitels anzumerken, die es dem Leser erleichtern, den Gedankengängen zu folgen. Diese sind allerdings auch nötig, da der Autor sich innerhalb der Kapitel teilweise etwas verliert. Häufig werden Details und Nebensächlichkeiten in aller Länge dargestellt, wodurch der Überblick, der in der grundlegenden Strukturierung der Arbeit gegeben ist, in den einzelnen Kapitel verloren geht.

Besonders erkenntnisreich sind die Analysen der rechtsradikalen Strömungen der einzelnen betrachteten Länder und deren historischer Werdegang. Es ist ebenfalls positiv anzumerken, dass Minkenberg eine der ersten vergleichenden Studien über die neue rechte Strömung erarbeitet und somit einen wichtigen Beitrag für diesen politischen Fachbereich geleistet hat.

Die Verknüpfung von Theorie und empirischer Analyse gelingt allerdings nur teilweise. Der theoretische Abschnitt der Arbeit überwiegt in seiner Länge und auch in der Güte gegenüber dem empirischen Part.